Clément

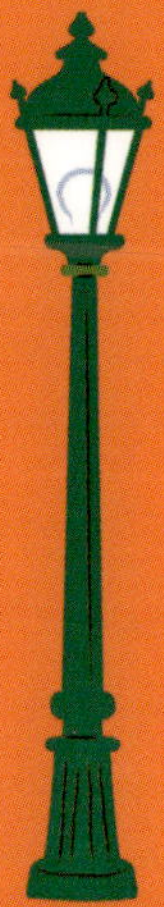

Pour mon grand-père Georges.

B.B.

Pour mon fils Joseph.

E.L.

Loi n° 49-956 du 16 juillet 1949 sur les publications destinées
à la jeunesse, modifiée par la loi n° 2011-525 du 17 mai 2011.

ISBN : 978-2-09-259179-6
Achevé d'imprimer en avril 2020 par Egedsa, Sabadell, Espagne.
N° d'éditeur : 10256001
Dépôt légal : mai 2020

Mes premières QUESTIONS RÉPONSES ! 3+

Le football

Texte de **Étienne Labrunie**
Illustrations de **Benjamin Bécue**

Nathan

Quel est le but du jeu ?

Marquer le plus de buts avec son équipe
en se faisant des passes.

Comment marque-t-on un but ?
En mettant le ballon dans la cage
du gardien de l'équipe adverse
avec un tir du pied ou de la tête.

Combien y a-t-il de joueurs?
11 par équipe. Tous, sauf le gardien, portent un maillot de la même couleur avec un numéro.

Quels sont les différents postes ?

Il y a le gardien puis, devant lui, les défenseurs qui l'aident à protéger les buts. Ensuite, les milieux de terrain, et enfin, tout devant, les attaquants chargés de marquer des buts.

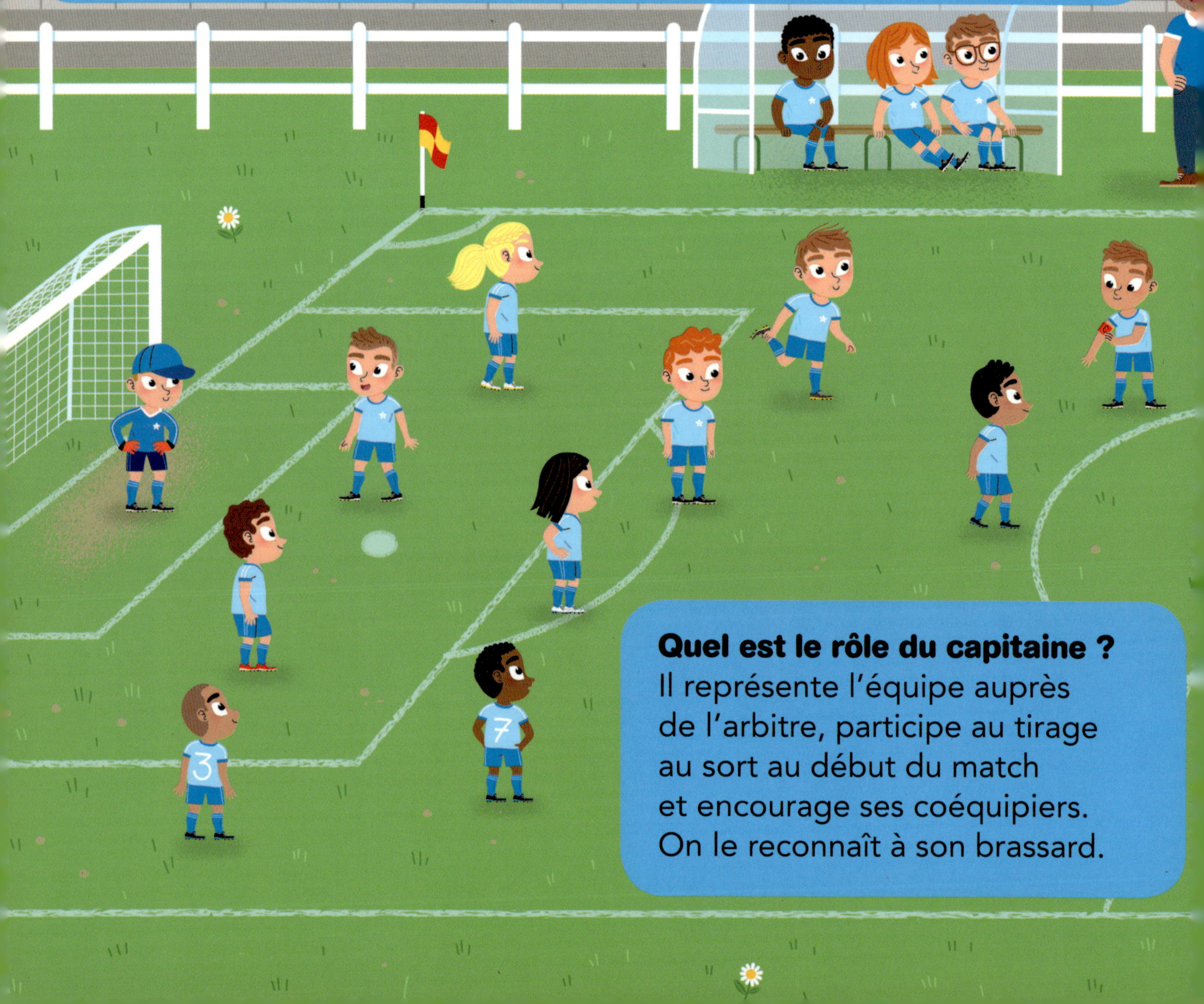

Quel est le rôle du capitaine ?
Il représente l'équipe auprès de l'arbitre, participe au tirage au sort au début du match et encourage ses coéquipiers. On le reconnaît à son brassard.

À quoi servent les remplaçants ?
À remplacer les joueurs blessés ou fatigués. Ils suivent le match sur le côté du terrain, sur le banc de touche.

Comment tire-t-on un penalty ?

Le joueur place le ballon sur le point de penalty et tente de marquer un but seul face au gardien.

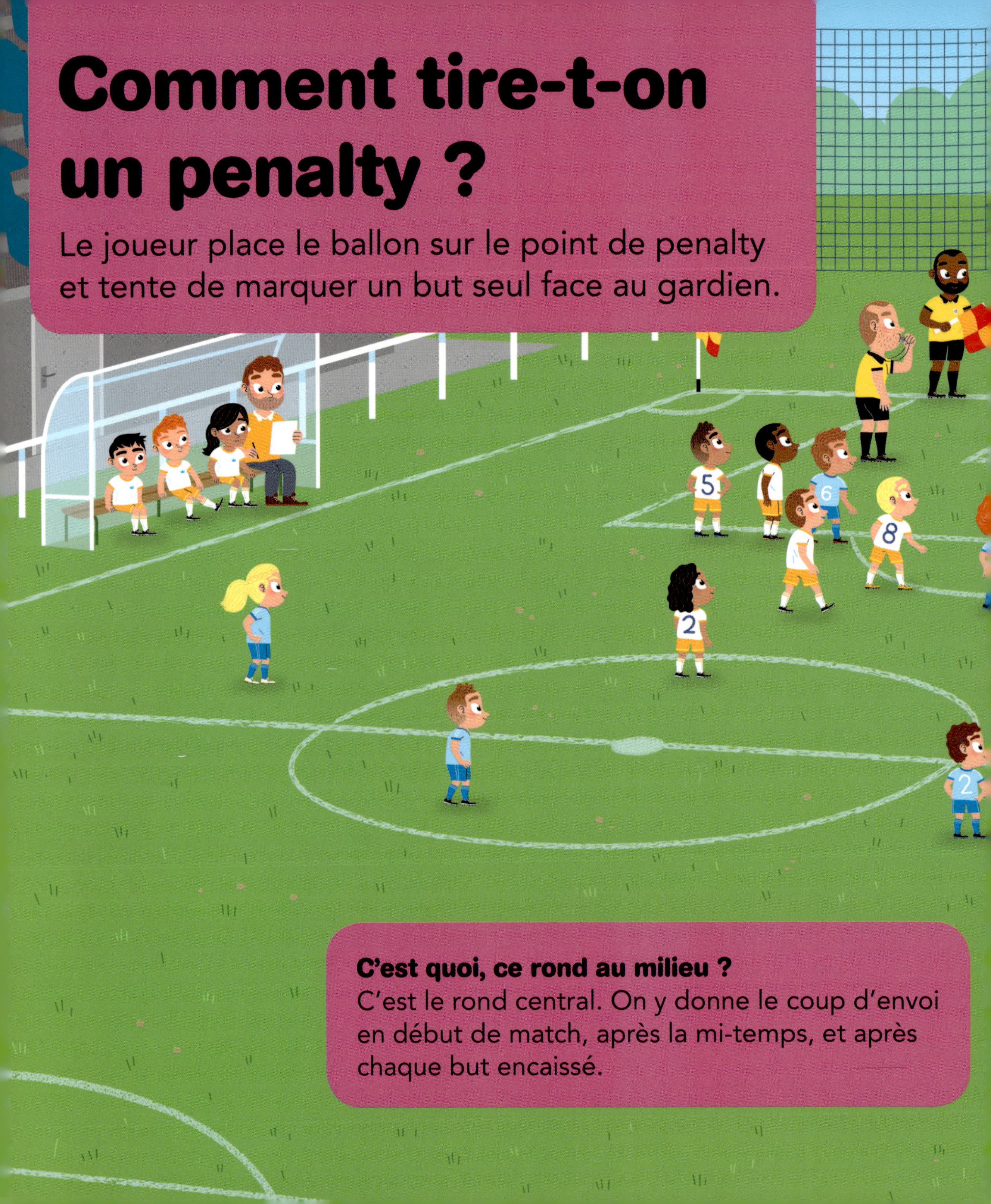

C'est quoi, ce rond au milieu ?
C'est le rond central. On y donne le coup d'envoi en début de match, après la mi-temps, et après chaque but encaissé.

C'est où, la surface de réparation ?
C'est l'endroit où le gardien peut prendre le ballon à la main. Toute faute commise dans cette zone entraîne un penalty.

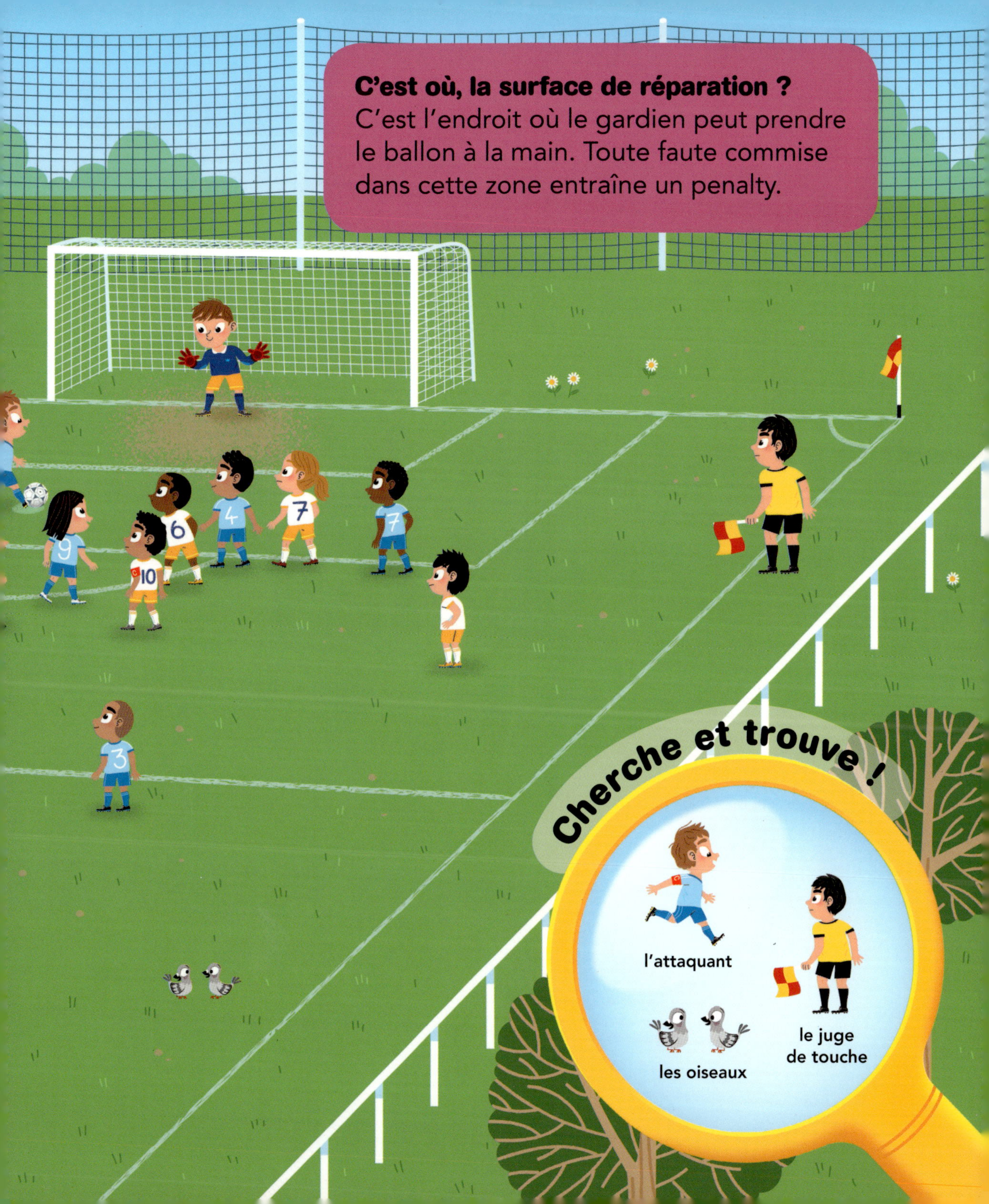

Qu’est-ce qu’une « touche » ?

Quand un joueur sort le ballon des limites du terrain, il y a touche pour l’adversaire. Elle est jouée à la main depuis le bord du terrain.

Quand est-ce qu’il y a un coup franc ?
Lorsqu’un joueur fait une faute sur un autre joueur ou touche le ballon de la main par exemple, l’arbitre siffle coup franc pour l’équipe adverse qui récupère le ballon.

Que veut dire « corner » ?
C'est le « coin » en anglais : quand le ballon sort derrière le but, on tire le corner au pied depuis un coin du terrain.

À quoi sert l'arbitre ?

À faire respecter les règles du jeu et éviter que les joueurs se blessent. Il est aidé par deux juges de touche qui signalent les touches et les hors-jeu.

C'est quoi un hors-jeu ?
Si un joueur se retrouve seul devant le gardien quand on lui fait la passe, il est hors-jeu. Souvent l'arbitre est obligé de regarder la vidéo pour être sûr.

Quand l'arbitre met-il un carton jaune ou rouge ?
Un carton jaune est un avertissement après une faute grave. Un carton rouge est une expulsion après une faute très grave ou au bout de 2 cartons jaunes.

Combien de temps dure un match ?

Un match se divise en deux mi-temps de 45 minutes. Avec une pause de 15 minutes pendant laquelle les joueurs rentrent aux vestiaires.

Que font les joueurs à la mi-temps ?
Ils se reposent, soignent leurs éventuelles blessures et écoutent les consignes de l'entraîneur.

À quoi sert l'entraîneur ?
Il dirige l'équipe, la tactique de jeu, choisit les joueurs qui jouent et décide des remplacements.

C'est quoi la plus grande compétition ?

La Coupe du monde ! Tous les 4 ans les équipes du monde entier s'affrontent pour la gagner ! Ensuite, c'est l'Euro où se retrouvent les meilleures équipes européennes.

C'est quoi la Ligue des champions ?
Un tournoi annuel prestigieux dans lequel s'affrontent les meilleurs clubs européens de chaque pays.

Quelles sont les compétitions en France ?
Il y a le Championnat qui rassemble les 20 meilleures équipes chez les garçons, 12 clubs chez les filles. Ensuite, il y a la Coupe de France qui oppose toutes les équipes de France.

Cherche dans l'image !

le seau
le sac
à dos
le sac
à main
le chien
le ballon
bleu
le lampadaire

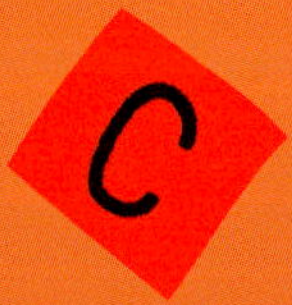
C

ALLEZ LES BLEUS !